我要當個旺夫女

改變妳的女神氣場

妳+旺夫女心法
一成就偉大女性

大川隆法——著

前言

PREFACE

從沒想過自己會寫這樣的書，這或許就是年齡賦予人經驗和智慧的結果吧！

我從我所熟知的三位女性身上，可以看到關於妻子的形象。我的母親是其中一位；此外，為我生了五個孩子，經歷教團辛勞的草創時期的前妻算是另外一位；以及在我以不惜身命的心念，從瀕死的深淵當中甦醒，著手於全世界傳道、政治活動、教育事業之時，助我一臂之力的現任妻子。

綜合孩子們的意見及其他人的聲音，我似乎偏愛既美麗又聰明、有主見的女性。

家母為了進入日本二戰前的「女子東大」御茶水女子大學，從小學一年級到中學一年級，一直寄宿在東京伯父的家中。但由於激烈的空襲緣故，她不得不無奈地被疏散回到德島老家。在兩個兒子步入社會、家父退休之前，她不曾離開家中，讓家裡空出一天。她也未曾去看過就讀京都大學的哥哥，也未曾來看過就讀東京大學的自己，家母真的是徹底地當個無名英雌。

家母是一個有著優異經濟概念和人性洞察力的女性。我是在家中由產婆接生的，做為職業婦女的家母，直到生我的前一天都還在工作，而在生下我的隔天就開始做家事。

我的前妻是出身於秋田縣的才女。當時我的週遭都是比我年紀還大的幹部，當我有時沒自信的時候，她就會對我加以斥責。然而，教團規模的擴大以及教育孩子們的重大壓力，她變得無法持續對我的工作加以操控，進而陷入了自我矛盾當中。即便前妻和我都是東京大學畢業，但她似乎沒有意識到，在我熟練於工作之前，我刻意地抑制住我的能力。但即便如此，我依舊認為她亦做出了頗大的貢獻。

第二任妻子與我同鄉，出生於信仰幸福科學的家庭中。她畢業於德島縣少有的升學高中，並擔任過學生會長，之後就讀於早稻田大學法學系，畢業後就職於日本銀行，可說是走在才媛的路上。她通曉法律、政治、經濟，並擁有豐富的社會經驗，不僅是我的賢內助，同時也關愛著年齡與她自己差不多的孩子們。

似乎我是得到了這些「旺夫女」的幫助，才有現今的局面，所以還是謙虛一點比較好。

幸福科學集團創始者兼總裁　大川隆法

目錄

CONTENTS

前言

第一章 旺夫女的法則——幫助先生出人頭地之法

1 講述「旺夫女的法則」正是時候 22

2 被分類至「旺夫女」的女性特色 25

・根據男女雙方的相配度，有時運勢會有所改變 25
・「旺夫女」也存在著「偏差值」 26
・先生的能力不足，亦會出現敗於競爭的可能 28
・夫妻彼此能力「匹配」的重要性 30
・自己能忍受對方的收入到何種程度？ 33
・「旺夫女」與「女強人」之別 36
・「女強人類型的女性」若是急著結婚，常會出現後悔的情形 37

3 現代丈夫的各種類型 40

- 現代女性無法忍受和自己不相配的男性 40
- 日本聖心女子大學畢業的女性，不知為何，常讓先生出人頭地 43
- 最近到處可看到聖心畢業的人物 46
- 可以寫東大法學系的壞話？！ 48
- 負責倒垃圾和做早餐的先生們 51
- 我的生活當中用不到行動電話 53

4 為了成為「旺夫女」的三個法則 56
・「旺夫女的法則」1 讓先生能專心於本業上 56
・「旺夫女的法則」2 成為先生的「良好商量對象」 61
・先生在遂行困難的工作時，太太不要插嘴會比較好 64
・「旺夫女的法則」3 抱持正確的經濟觀念 68
・培養孩子能夠盡早自立 72
5 「旺夫女」是無名英雌 77

第二章 「旺夫女」實踐篇——Q&A法

1 「妻子的力量」也有發展階段！隨著先生嶄露頭角而一起成長的妻子樣貌 82

・人會如何聽話，是因人而異 83

・回到家裡的先生，難以忍受太太所說的「負面話語」 85

・太太必須具備「敏銳的直覺」 86

• 一旦嶄露頭角，思索工作的時間就會變長　87
• 睡覺的時候也在想工作的事，以外語說夢話　89
• 當先生的立場提高，太太無法置喙的問題會變得更多　92
• 「做為公人的判斷」與「做為私人的判斷」互相抵觸之時　95
• 有才能的女性，成為工作輔佐的情形　97
• 間接的資訊或非正式的資訊，有時也有參考的一面　98
• 太太的任務也有著「發展階段」　101

2

以「不動心」撐起家庭的女性帝王學

以「不動心」撐起家庭的女性帝王學 104
・女性的能力，會因後天努力而改變 105
・大學時期曾被母親怒斥 106
・在父親的葬禮中沒掉眼淚而被責罵 108
・死人也會「說話」——死後變得更為囉嗦的父親 110
・雙親不再吵架的理由 112
・母親曾說過「女人的肚子僅是『代工廠』」 115
・即便是過了七十歲也還能夠成長 116

・「賢明的母親」須具備著判斷力、決斷力、不動心 118
・即便是女性，抱持大局觀亦很重要 120
・不因小事而騷動的「女性帝王學」 122

3

忙碌的上班女性，要思索如何才能得到「家人的協助」 126

・妳是一個人在唱「獨角戲」嗎？ 128
・現在家人對妳感到不滿的可能性很高 130
・之所以感到時間不夠用，其原因出於「工作」的方法 131

・孩子的教育是否出現了問題？ 134

・職業婦女的孩子容易有受害者意識 135

・應該試著想想能否借助他人的力量 137

4

在工作上成功的妻子，更是不可忘記「肯定、讚美先生」 141

・妻子的成功，有時會成為先生的壓力 142

・「先生能給予太太建言」這會讓先生提起幹勁 145

・太太的身份屬於上位而變得容易離婚的四個類型 147

- 一邊持續工作，又能繼續維持家庭的應注意事項 149

5 平凡的主婦，亦能成為「繁榮女神」 154

- 「話語」、「態度」是會感染人們的 155
- 思索事物的「正面之處」，正面的心念即會廣擴 156
- 將吸引正面事物的「磁力」賦予孩子的方法 159
- 將肯定「財富」、「繁榮」、「成功」的思想，輸入至潛在意識中 162
- 「想法」有著如「磁鐵」般的力量 163

後語 168

第一章

旺夫女的法則—
幫助先生出人頭地之法

1

講述「旺夫女的法則」正是時候

本章的主題是「旺夫女的法則—幫助先生出人頭地之法」，之所以會取如此罕見的章名，是因為有一次人們聽完了我的講演之後所進行的問卷調查當中，有一題是「之後想要聽什麼樣的講演？」，其中有人即寫到「旺夫女」，所以我覺得這應該是人們有所需求的內容。

雖不知用「旺夫女」這一詞是否有點俗氣，用這個詞作為我演講的題目或許也有些欠妥，但某部電影的片名的確使用了這個詞。

副標題又是「讓先生出人頭地」，對於希望在職場上有所建樹的單身女性來說，如此說法若是在措辭上不加以注意，很容易會引起誤會。

對於女性的人生態度，我有各種各樣的見解看法，並非是一成不變的。因此，但願各位讀者能理解到本章的內容是我針對如此題目的看法。

2 被分類至「旺夫女」的女性特色

根據男女雙方的相配度，有時運勢會有所改變

有人曾問道：「結婚對象的不同，運勢是否有可能會往上升或往下降？」從客觀來看，我認為那或許是有可能的。

當然，不能說原因都出在女性這一方，男性也有責任，兩人彼此的關係本來就會相互影響運勢的。「誰和那個女的結婚，他肯定走下坡路」，若是如此情形，就不得不說這樣的女性是「瘟神」，但有時也會因人而異，無法一概而論。總之，運勢要看雙方的「相配度」。

「旺夫女」也存在著「偏差值」

此外，基本上還要知道「旺夫女」的能力也存在著不同差異與高低。「到某個程度為止，的確能夠幫到先生，但超出了那個程度，要幫忙就變得困難了」，那程度的高低之差的確是存在的。

所以說「旺夫女」存在著「偏差值」，偏差值超過五十，就能算是「旺夫女」。

自己的偏差值是五十五就好了？還是需要六十，亦或是六十五？七十？七十五？先生的工作越是繁重、需要負責的範圍越是擴大，妻子的工作也就會變得更為困難，至今做為女性的能力尚且足夠，但漸漸地就會出現力有未逮之處。

如果超過一定的能力範圍，「旺夫女」也可能變成「敗夫女」。原本具備「旺夫」能力的女性，也有可能出現扯先生後腿的情形。

先生的能力不足，亦會出現敗於競爭的可能

反過來說，先生也是如此。

明明一開始太太看準了先生是高學歷的菁英，將來一定有望而結婚，但過了不久之後，先生在公司漸漸地開始坐冷板凳，甚至可能一輩子都翻不了身，這實在是跟當初的「盤算」有很大的差距。

雖然或許太太亦可能是原因之一，但先生在公司的時間比較長，先生自己的能力不足，才會在公司敗下陣來的可能性比較高。

於是，太太就會開始感覺到，先生和自己所想像的樣子差得越來越遠，並且認為彼此變得不是很相配。當自己開始表達不滿，先生亦會惱羞成怒，夫妻關係變得惡劣。其結果，如此婚姻亦有可能朝著負面方向前進。

夫妻彼此能力「匹配」的重要性

結婚前即使再登對，但隨著時間推移，一定會出現差距。

於此時就可以看出旺夫女或敗夫女的「偏差值」，這和學問的力量相同，如果彼此的偏差值大於五的話，就常會出現難以契合的情形。若是雙方出現極端的差異，情形就會變得更糟。

對於某個男性來說，和某位女性結婚，這位女性就會變成「旺夫女」。但對於其他男性來說，有可能這位女性就難以幫到自己。當然也有相反的狀況，女性的能力「太犀利」，反而讓先生不知所措。男女的能力，的確有著匹配的問題。

在結婚當初，雙方都會選擇在某種程度上和自己能力相配的對象，但之後隨著每個人的成長，有時夫妻之間就會出現差異。有時是某一方提升、某一方下降，也有可能雙方的能力都下降。總之會出現各種情形，彼此能否跟上對方的成長速度，即成了關鍵。

這有點類似於在創業初期一同打拼的夥伴，之後卻很難全部都留在公司裡擔任重要幹部一樣。一開始沒有預期公司的規模會變得那麼大，所以初期聚集在一起的夥伴們，到最後大多很難做為董事或副總留在公司當中，通常在公司發展階段中，都需要從外聘請有能力之人。

相同的情形也會發生於夫妻之間，當出現預料之外的情形時，夫妻關係有可能會出現變化。

自己能忍受對方的收入到何種程度？

曾經聽過一個中國的故事，故事當中一對夫妻到廟裡拜拜，太太對神明祈禱「希望先生賺的錢差不多就好了」，先生問道：「為什麼差不多就好了呢？」太太便回答：「如果賺得太多的話，你就會有可能去追求更好的對象，所以不可以賺得太多；這也就是為什麼我會向神明祈禱『賺得差不多就好』的原因。」

這說是智慧也是一種智慧，畢竟她知道自己還能做為妻子的安全範圍在哪裡。

譬如，若是先生的收入到如此範圍的話，自己就還能保住妻子的地位，若是超出那個範圍的話，自己就有可能被趕出家門。能否有著如此直覺，就是關鍵所在。

反過來說，也有另一種情形，那就是能夠忍受對方窮到何種程度，自己還能和他維持夫妻關係。

當然，除此之外，還有雙方父母親、家族的問題。此外，當有了孩子之後，對於如何教養孩子，夫妻的意見也會出現分歧的時候。當出現了「自己無法左右」的狀況時，夫妻之間的關係就會出現高低起伏。

「旺夫女」與「女強人」之別

在我的周邊，有部署著一個名為宗務本部的單位，負責類似秘書的工作。這個單位的工作環境有點特殊，和世間一般的職場有點不同，我發現曾經在這單位工作過的女性，把工作辭了並和另一半結婚之後，她們的丈夫多事都出人頭地。

這是為什麼呢？我想那是因為她們知道如何做好工作。為了讓先生能夠全心全意地投身於工作中，她們會把家事全都承攬下來，不增加先生的負擔。而大部分的先生，也都安心地把家裡的事交給太太，專心於工作當中。

也因為如此，先生也很意外地比當初所想的還要會做工作，進而能嶄露頭角。

此外，也有一些女性不打算結婚，想要專心於工作當中，這種「女強人類型」的女性也很多。

「女強人類型的女性」若是急著結婚，常會出現後悔的情形

女強人類型的女性，在獲得某種程度的成功之後，有些人會認為「已到了一定的年紀，還是應該要結婚比較好」，進而急著結婚。但有時會聽到，這些急著結婚的人，之後感到後悔的例子。

「若是當初沒結婚，應該會有更好的成就，職場也比家庭有趣多了。」這種聲音時有所聞，但那已經於事無補了。職場當中，會不斷出現後進之人的「新勢力」，想要回到職場，有時也已無容身之地。這方面的取捨判斷，的確有其難處。

當然，這和當初結婚時眾人的支持度有些相關。若是結婚當時得到了週遭人們的贊同，那麼婚姻順利的可能性會比較高。但如果贊成的人比較少的話，之後婚姻就有可能面臨嚴酷的「逆風」。

3 現代丈夫的各種類型

現代女性無法忍受和自己不相配的男性

不管怎麼說，「旺夫女的法則」不是那麼容易講述。若是有著那種「只要照著做，就一定會旺夫」的標準，那可是無價之寶。

這一章我將論述的範圍限定於「讓先生出人頭地」，將焦點放在「怎麼樣的女性，才能幫助先生出人頭地」這部份。

首先，先生的能力可區分為能力高、能力普通和能力低的三種類型。要讓能力低於平均以下的人提高到平均以上，需要相當大的力量，此時就必須借助「賢內助」的幫忙。

有時實際上是太太完成了大部分的工作，先生僅是踢了最後的臨門一腳。從事買賣或事業，這種情形是有可能發生的，但婚姻關係能否維持到最後，仍是個未知數。

「先生是平凡的男性，妻子則是非常優秀」，如果是這種情形，女性的犧牲就會非常地大。女性能否忍受那般的男性，實在是很難說。

若是在過去的階級社會，人們會認為「女性位於低處沒什麼關係」，也因此女性會有所忍受，但到了現代，我想女性會變得無法再隱忍下去。

現代女性會好好地觀察此人是否仍然是「與自己相配」的對象，所以若是變得不相配了，女性將不選擇繼續忍受下去。

日本聖心女子大學畢業的女性，不知為何，常讓先生出人頭地

過去的明治時期到大正時期，常常可以聽見，父母雖然沒什麼地位但腦袋很好的男性，從鄉下到東京附近的大學就讀，畢業後便娶東京的名媛做為太太的例子。因為太太知道

如何在東京過生活，所以可以發揮「賢內助」的力量，彌補先生出生於鄉下的先天不足，進而讓他出人頭地。

最近我發現到，很多於世間有著某種地位的人，其太太大多是聖心女子大學畢業的。能夠進聖心的人，大部份都是東京名門的名媛，從那裡畢業的女性，學業並非是非常厲害，僅是差不多的水準，但這些人卻能夠讓先生出人頭地；現今日本首相安倍晉三的太太即是聖心畢業的。

此外，過去東京都知事舛添要一，雖然結了三次婚，但現在的太太也是聖心畢業。他的第一任太太是法國人，第二任太太是東京大學第一名畢業的女性，我想當時他認為兩人在知性上很相配而結婚，但後來太太每天工作忙到深夜才回家，想必在維持婚姻關係上有其困難之處吧！

「和半夜十二點、一點才回家的太太，維持夫妻關係」，這意味著「主婦的工作必須得由先生自己來做」。「每天賦閒在家的學者」，有很大的可能性是被當做「主夫」對待，我想舛添做為九州男兒，這是難以忍受的一點。

他後來和小他十五歲的第三任美麗太太結婚，這位女性好像也是聖心畢業的。雖然已五十歲左右，但讓人感覺到很年輕。

最近到處可看到聖心畢業的人物

作家曾野綾子也是聖心畢業，她的先生三浦朱門是東京大學文學系畢業，曾經當過日本文化部的部長；但做為作家來說，曾野綾子算是前輩，其地位和知名度比較高，或許收入也是比較高。

在她先生所寫的散文當中，雖然還不到直接對他太太說「趕快去死」的程度，但也半開玩笑地寫著「如果太太死掉的話，自己就可以再婚了」的內容，真的是半詛咒、半開玩笑的說法。但雖是如此，她太太還蠻長命的，直到現在還活躍於寫作當中。

做為同業的太太比自己還要優秀，這一點對於男性可說是五味雜陳。

此外，韓國的前總統朴槿惠是聖心國際高中畢業，NHK的國谷裕子也是畢業於聖心國際高中，最近真的是到處可以看到聖心畢業的人物。

或許在某種程度上，聖心真的可以養成名媛的儀態以及國際觀。聖心的這部分似乎很意外地剛好符合培養「頂尖女性」的標準。

可以寫東大法學系的壞話?!

曾野綾子在上了年紀之後，嘴巴就變得非常壞，應該是說在年輕時期就已經很壞了（笑）。她曾經寫過「如果想要批判的話，總之就批判東京大學法學系畢業的人就準沒錯」。

我雖然認為「這真是一種令人討厭的說法」，但現今過了八十歲的曾野綾子，至今寫了許多東大法學系畢業的人的壞話，卻從來沒被告過，也從來沒被反擊過。或許她正是認為「若是寫了其他人的壞話，就會被生氣地反擊或被告，但唯獨東大法學系畢業的人不會生氣」。

根據她的見解，「東大法學系畢業的人都很自傲，自信地想著『嘿嘿，你們懂什麼？』進而不會理睬我，所以寫他們的壞話是沒有關係的」。

不過他們也是有血有肉的，若是被說了壞話，總是會感到生氣。但畢竟他們不好爭吵，所以不會加以回擊。

我也曾被曾野盯上，時不時地就被寫了一些批判的內容，但幸福科學可是會加以反擊的。我想她在看著我們的發展，所以總是忍不住想要批評幾句。（注1）二〇一四年三月十二日，收錄了曾野綾子守護靈的靈言，並將其出版發行《靈性訊息 曾野綾子的人生觀》（幸福科學出版）。

負責倒垃圾和做早餐的先生們

她的先生三浦朱門還必須倒垃圾和做早餐，在彼此的「力量較量」一下，或許這也是不得不去做的。

據說舛添要一也會去倒垃圾。和曾擔任過日內瓦軍縮會議大使，前上智大學國際政治學教授豬口邦子結婚的豬口孝，也曾在自己的書中寫過，自己會去倒垃圾，也會幫忙太太去神田買書。豬口孝現在是東京大學的榮譽教授，過去曾在通識學系擔任國際政治的教授。就像這樣，可以看到學者們都必須做家務。

我到目前為止，基本上沒有那般經驗。雖然自己覺得自己很體貼，但或許其實是很大男人。

我的生活當中用不到行動電話

現今人們都在使用著智慧型手機，有人曾說過「中小學生一天用兩小時以上的手機，頭腦會變差」，手機中毒的確已成為了問題。

以前人們只要用傳統機型的行動電話，在聯絡事情上幾乎就沒問題了，但不管是傳統機型或者是智慧型手機，我都不需使用。

有時週遭之人會好意地「進貢」，但我用了一兩次之後，就幾乎沒再去碰它了。

基本上，沒有人會直接打電話給總裁，就算是打來了我也不會接，到頭來都一樣（笑）。就算是傳簡訊來，我也不會去打開來看，所以不管有沒有手機都還是一樣。經過了幾年之後，手機一直「睡」在那邊。雖然讓手機維持電力，有時人們會幫我充電、擦拭，但基本上沒人會傳簡訊或打電話給我，我也不會去應答。

現在日本首相、前首相或市長等等，常常在網路上寫些東西，但我真是覺得他們真是閒啊！再加上有人會回覆各種各樣的意見，在對應上可真是得費勁！

我是只要聽到有人有意見，就會想要回應，進而讓時間變得不夠用，所以我總是在想，到底要如何才能讓資訊減量。通常秘書會幫我分幾個階段整理資訊，我幾乎可不帶任何一物而行動。

4 為了成為「旺夫女」的三個法則

「旺夫女的法則」1 讓先生能專心於本業上

從傳統的思維出發，「旺夫女的法則」的第一則，即是讓先生能專心於本業，太太將週遭的事情打點好，不讓先生消耗能量於本業之外的事情。能夠做到這部分的人，就可以說此人符合了「旺夫女」的第一個條件。

有能力的男性，若是太太能幫忙打點好雜事的部份，先生即能在工作上有所發揮。

對於公司來說也是同樣的道理。經營一人公司的老闆，不會像百人規模的公司那樣配屬著秘書，所以必須一個人打點好所有的雜事。舉凡接聽電話，處理各種文件、信函，但如果聘請了一位秘書，此人的本業工作就能急速前進。

雖然，先生還不到可以雇用秘書的地位，但即便僅是一般的上班族，太太依舊可以讓先生不過於操煩雜事，幫忙處理好身邊事，使其能夠專心於工作。

所以說，此為旺夫女的條件之一。

當然，也有人是被太太硬逼著，進而地位逐漸提升。有些男性是被虐狂，常常被太太怒斥「你給我多賺一些錢！」最後就真的有所發跡；這是屬於「惡女」轉變為「旺夫女」

的例子。

這的確有著難為外人所道的苦衷，但基本上，對於有能力的男性，讓其能夠專心於本業上，可以說如此女性比較容易成為「旺夫女」。

「旺夫女的法則」

1

讓先生專心於本業，將家事全都承攬下來

「旺夫女的法則」2
成為先生的「良好商量對象」

另外一個法則即是，夫妻之所以為一對的原因，是因為彼此能夠互相商量。

當然每個人都能夠自行判斷事物，但在那之前總是會想要找人商量。想要找人商量之時，大多都是自己退縮或是感到迷惑之時，所以並非是任何人都能成為商量對象。若是找鄰居商量，有時其內容會被到處亂傳；向朋友、同事或上司商量，有時也會有不方便的時候。

商量的內容可區分為「能為外人知的內容」和「不方便為外人知的內容」，所以成為先生「良好的商量對象」也是「旺夫女」的條件之一。

不管是工作的事，或者是工作以外的事，當先生有著想要找某人商量的煩惱時，太太必須成為聆聽話語的對象。或者是，有些人會像福爾摩斯一樣，自己得出結論，所以太太只要像華生一樣在旁點頭稱是也可以。只要負責傾聽，有很多人即能自己得到結論，所以不一定要給出答案才行。

若是期待太太一定要成為能給出答案的顧問的話，那的確是一件難事。

但有時候只需要靜靜地傾聽，體會先生的心情，自然地結論即會出爐。所以未必一定要成為像是福爾摩斯和華生之間的關係，但成為好的商量對象，讓對方在講話的過程中，即能做出決斷，這的確是一件很重要的事。

先生在遂行困難的工作時，太太不要插嘴會比較好

只不過，根據工作的難易度不同，不是每件事情都能成為商量的對象。若是夫妻一同遂行的工作，有時的確可以商量，但若是難易度相差甚遠，有時太太最好不要插嘴會比較好。

先前，日本的週刊就有報導「安倍首相的太太安倍昭

惠，說著和首相提出的政策不同的話語」。雖不知其真偽度到何種程度，但我對此也有點關心。首相夫人的真心話到底為何？是在說謊？還是在講真的？對此我忍了一個多月不去調查，但最終還是去查了一下。（注2）收錄本次法話的翌日，收錄了安倍昭惠首相夫人守護靈的靈言，並將其出版發行《安倍昭惠首相夫人的守護靈談話「家中在野黨」的真心話》（幸福科學出版）。

若是先生的本業工作很複雜困難，妻子太過於發表意見干涉的話，就有可能會變成扯先生的後腿，對此必須得留意才行。

當工作變得複雜困難時，就必須得靠秘書或部屬去分攤工作。此時困難工作的商量對象，常常就變成幹部或者是參謀，此外還必須聆聽眾人的意見，此時妻子就不宜介入了。這方面的區分是很重要的。

「旺夫女的法則」

2

成為先生的
「良好商量對象」

「旺夫女的法則」3
抱持正確的經濟觀念

「旺夫女的法則」的第一則，是讓先生能夠專心於本業上，盡可能地攬下所有的雜事。方才我提到了，和本會宗務本部熟知如何做家務的女性結婚，其先生大多會嶄露頭角。那是因為我認為有很多女性，攬下了絕大部份的家事，不讓先生費神於本業以外的事情。

而第二則則是成為先生的良好商量對象。關於工作的商量，如果能夠聽得懂的話，那就予以聆聽，但如果內容過於困難複雜的話，先生就應該要和適合的對象商量，對此必須要清楚區分才行。

第三則的法則則是主婦應具備的能力，那即是「抱持著正確的經濟觀念」。

所謂的經濟學，即是「經世濟民之學」，原意是出自於「節約」。「將收入如何運用，或者是如何儲蓄」、「何為當用，何為不當之用」、「劃分出為了將來而儲存的資金以及現今可以使用的資金」、「關於教育資金的準備」等等，妻子有無抱持如此「經濟觀念」非常重要。若是妻子沒有經濟觀，將來家庭有可能會吃苦。

在歐美國家，大多是男性掌握家中經濟大權，但在日本通常是太太掌管錢包，所以太太有無經濟觀就變得非常重要。

太太能否看出「無謂的消費」即非常的關鍵。

「旺夫女的法則」

3

抱持正確的經濟觀念

培養孩子能夠盡早自立

與此有所關聯的還有對於孩子的教育問題，這是指在養育孩子時所花費的時間、能量，以及金錢的問題。在教育投資上會花相當多的錢，要以何為限度就變得非常重要。

要計畫好在孩子身上花多少時間，有時花過多的時間也是浪費，並且也有可能變成對孩子的抱怨。此外，有時花過多的金錢，最後也會感覺到花太多錢在昂貴的補習班或私立學校。

這方面的判斷非常重要，如果沒有清楚的判斷，最後常會遇到狀況。

養育孩子常會變成壓力的發散出口，所以必須要盡可能地培養孩子「自己的事能自己做，自己知道該如何判斷事物」才行。

當父母的社會地位提升，對於孩子的管教常常就必須得更費神，所以必須要加以訓練使其能盡早自立。

特別是，在高收入的家庭中的主婦，常常會黏著孩子。太太會認為「孩子的課業有所成就，做媽媽的自己也希望能獲得褒獎」，但若是太過了頭，和孩子的關係就會變差，進而影響到夫妻之間的關係，所以必須要適可而止才行。

特別是男孩子，使其能從母親的懷抱當中自立，通常是一個課題。若是無法從母親懷裡自立，就更難從父親懷裡自立，所以對於孩子能自主完成某事，必須要好好地加以褒獎才行。

雖然會感覺到有點寂涼，即使是很會讀書的國高中生，若是無法從父母手中獨立，等到長大成人就會出現反作用力，因此還是必須要早點使其自立才行。

「旺夫女的法則」

4

培養孩子
能夠盡早自立

5

「旺夫女」是無名英雌

從總的來看，在這讓先生出人頭地的「旺夫女法則」中，若是能看出其中蘊含著某種意義的「無名英雌」的意涵，那就算是很賢明之人了。

當然，若是自己是想要受到他人注目的女性，好比想要成為電視主播或女主角的女性，要成為無名英雌，的確有其困難之處。有著那般理想之人，或許有著其他的命運，一切都是依此人是抱持何種想法而定。

以上即是「旺夫女的法則」的概論。

「旺夫女的法則」5

認識到旺夫女是「無名英雌」

第二章

「旺夫女」實踐篇—

Q & A

1

「妻子的力量」也有發展階段！

隨著先生嶄露頭角而一起成長的妻子樣貌

Q1（提問者：三十多歲的職業婦女，和先生一同養育一個就讀國一的女兒）

為了讓先生能夠出人頭地，提高家庭運勢，增加財富，我應該要如何以話語激勵丈夫才好？特別是在「讚美」和「責罵」方面，我應該要如何拿捏，能否給予我建議。

人會如何聽話，是因人而異

每個人對話語的感受方式是不同的，這難以一概而論。我不記得我有對女性動怒過，但似乎有些女性會感覺到「自己被責罵了」。

她們都說著「自己總是被責罵」，但我常常覺得「有嗎？我有罵過人嗎？」我認為「怒氣沖沖地責罵，才叫做責罵」，所以在一般的交談當中，我並未自覺到我曾責罵過人。然而，若是對方比較敏感，一旦感覺到話中有「刺」的話，就會覺得自己「被責罵了」。

回到家裡的先生，難以忍受太太所說的「負面話語」

相反地，當先生工作一天疲累地回到家中，聽到太太開口就說「負面話語」，實在是會難以忍受。

在教團創立初期，我曾經聽過職員講過以下的內容。

每當這個人深夜工作回家後，太太累積了一天的話想要和先生說，一副「你非聽不可」的樣子。先生雖然想辦法逃到浴室、廁所，但太太想要讓他聽她說話，於是就拿了張板凳放在浴室前，嘰嘰喳喳地講個不停。我記得在教團初期創立七、八年時，曾經有聽過這樣的內容。

先生一整天不在家，想必太太累積了許多想講的話吧！

太太必須具備「敏銳的直覺」

有些男性真的話很少，回到家只會「吃飯、洗澡、睡覺」，所以有很多太太「不知道先生在公司為何而煩惱、痛苦」、「不知道現今承受著什麼問題」。

對此，具備「敏銳的直覺」是很重要的；女性的直覺非常重要，必須要好好地運用靈感才行。

譬如，若是認為「今天這件事不要講會比較好」，那麼就不要說出口，待先生有空檔或者是心情好的時候再說；抑或是觀察一下先生的臉色，看看這件事是不是就自己判斷、處理即可。

一旦嶄露頭角，思索工作的時間就會變長

所以說「是要讚美？還是責罵？」這實在很難一概而論，這是因為妳會漸漸無法明白先生在想什麼事情。

新婚初期雙方講的話題，大都是單身時期的內容，但隨著先生工作開始變得繁重，腦袋必須一直想著工作的事情，所以要如何應對的確是個考驗。

當男性一旦嶄露頭角，思索工作的時間就會變長。換言之，除了在上班時間思索之外，其餘時間，也常常會在思索工作的事。

若是成為了經營者，更是會從早到晚一直地在思索。據說松下幸之助一天只睡兩三個小時，大半夜也在想工作的事情。

睡覺的時候也在想工作的事，以外語說夢話

這麼一提，我自己也很類似。我在半夜醒來的時候，也會寫一些東西在便條紙上，所以頭腦還是一直在想著工作；

我似乎在夢裡面，還在做著很多模擬、打算，並進行著計劃。

前幾天，我在半夢半醒之間，用英文講了夢話。內人當時還醒著，我記得我用英文講話之後，過了一會兒因為沒有聽到英文的回應，所以我就繼續入睡了。

隔天早上，我就跟我內人說：「當我用英文講夢話的時候，若是能用英文回我一兩句話，我就可以一邊睡覺、一邊對話了。」但到了當天夜裡，我好像變成是用德文在講夢話。

內人以為我講的是英文，於是就回了一句「YES？」但之後她聽出來好像我在講德文，但她不會講德文，索性她就用中文回答「再見」；這聽起來還真是有點像笑話。

在快速動眼期的一個半小時到兩個小時期間，我常常會夢到和工作相關的夢境。此外，就我的情形，常常會有靈性存在前來向我述說內容，我也常常和這些靈性存在對話。

在這層意義上，有些先生的工作必須持續到大半夜，要如何應對的確是個難題。

當先生的立場提高，太太無法置喙的問題會變得更多

一開始我結婚的時候，接連著二十年左右，孩子也生了五個，當時的太太無法跟上教義的發展，進而關係變得有點微妙，我原本以為「原來忙起來，就會變成這樣」，在雙方沒有討論過任何一次離婚話題的情況下，不知不覺之間，在

法律上就離婚了。我一直忙於工作，工作以外的事都交代給週遭人們，在不知不覺中就變成了那樣。

就算先生的工作層級提高、廣度擴大，但因為「慣性的法則」作祟，女性會很想要「抑制回原本的狀態」。

即便太太想要「維持和至今一樣的做法」、「讓先生處於能聆聽自己意見的立場」，但隨著先生的立場提高，太太就會變得無法置喙，週遭之人也會漸漸地不讓太太發表意見。

至今在夫妻的對話中，太太還能講述意見，但隨著先生的工作加重，週遭之人就會看到許多太太不應發表意見的情形。

譬如，擔任總理大臣或者是都知事之人，一定會有許多身處該立場才會遇到的煩惱，對此就必須要詢問週遭的專家、輔佐，並且那些是不宜在夫妻之間的對話中談論的；在大公司當中也是如此。

就像這樣，即便過去太太能夠插上幾句話，但隨著先生立場的不同，就會出現和過去不同的情形。

「做為公人的判斷」與「做為私人的判斷」互相抵觸之時

當先生工作立場提升，若是公私無法分明，就會出現問題。

如果是小公司，不區分公私那還無所謂，但若是公司的規模變大，就必須區分出「做為公人的判斷」和「做為私人的判斷」。一定會出現必須抑制住「私」的部份，進而遂行做為「公人」的判斷之情形。

譬如，當時本會打算在櫪木縣的宇都宮市建立總本山時，剛好是長男的國中考試時期，當時做為我「私人」的問題，若是去了宇都宮，長男就無法在東京參加國中考試了。

然而，從公的方面來說，「觀察整體的趨勢，若不建立本山，教團就無法再進一步扎根擴大」，在如此判斷下，就必須要抑制住「私」的意欲。

有才能的女性，成為工作輔佐的情形

基本上，有才能的女性，嘴巴大多比較囉唆，有著男性難以忍耐的一面。

然而，有能力的男性，或者是「想要在工作上再發展」的男性，還是必須有能力較高女性的輔佐。在這層意義上，若是女性很會學習、很會工作，或者是點子豐富、資訊豐富的話，反倒會成為助力。

當然，根據進言方式的不同，有時會成為妨礙，但一個好點子或一個好建議，因為那「一句話」而打開前方之路的情形也比比皆是。

間接的資訊或非正式的資訊，有時也有參考的一面

乍看之下沒什麼管用的事情，有時也會成為可以參考的資訊。

兩三天前，在日本電視台連續劇的某個場景的書架上，放著《神秘之法》等二本我的著作，這個電視畫面被拍了下來，並且流傳於會員的電子郵件之間；當時我剛從浴室走出來，內人就跑來跟我說：「現在這個畫面正流傳著。」

那是女演員武井咲所主演的戲劇，我沒有看過那連續劇，不甚瞭解其內容，但本會的會員剛好拍到電視的畫面，並且流傳於會員之間。「在連續劇的場景裡，出現了三本本會的書籍」、「這應該是刻意將其擺放上去的吧！」如此資訊進到我的耳朵裡。

這是第二手資訊，並且也是一個讓人不明白是私底下生活還是工作的例子，但得知了那般資訊，成為了某種參考也是事實。

「是現今人們閱讀的書，擺放在那裡也不會覺得奇怪」，或許日本電視台是這麼想的，又或者是工作人員當中有著本會的信徒，刻意將書籍擺在看得到的位置，這讓人有很大聯想的空間。

就像這樣，能接收到非正式的資訊，有其便利的一面。

太太的任務也有著「發展階段」

所以說，先生的立場改變，太太的任務也會變得困難；不只學習變得困難，說話方式、言行舉止也會變得困難，所以得留意「太太也有著發展階段」。

如果是一位「奇怪的太太」，是很有可能扯先生後腿的。

此外，還必須知道，父母所教導的事情有可能會變得無法適用。

「旺夫女的法則」

6

隨著先生工作的發展，自己也須成長

2

以「不動心」撐起家庭的女性帝王學

Q2（提問者：三十多歲的職業婦女，和先生一同養育一男一女）

我想要請教如何提升讓先生及孩子能嶄露頭角的「旺夫女能力」。女性特有強項的「培育力」、「奉獻」及「母性」等，是屬於女性先天就具備的能力嗎？
或者可以透過每日的生活習慣或努力就能夠提高的嗎？

女性的能力，會因後天努力而改變

我認為那相當程度屬於是後天努力之後的改變。若是抱持著意志力並有所努力，那些能力就相當有可能改變。

回想我自己的雙親，我就覺得家母的改變非常大，每每經

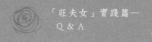

過某個時間點，我就覺得有了顯著的變化。

大學時期曾被母親怒斥

我是屬於不怎麼會和母親吵架的人，當然在小學畢業之前，常常惹家母生氣，但長大之後，我的記憶當中，只有曾經被發怒過兩次。

第一次是我從東京大學放假回老家的時候，當時我好像說話的態度、方式變得很跩，家母聽到之後便說：「考上了東大，就可以變那麼跩，是吧？」當時我一句話也不敢回嘴。

「不管是考上前，還是考上後，你都是我的兒子」、「有可能一下子就變那麼厲害？」我記得家母講了類似的話語，當時我覺得還是少回嘴為妙。

家兄當時是考進了京都大學，但他入學之後，就好像自認為晉升為「貴族階級」，講話變得很高傲，因此常常和母親吵架；當時家兄曾說過「程度不同，難以溝通」，就因為這句話，母子之間大吵了一架。

而我則是被家母斥責「考上了東大，你就變聰明了，是吧？」之後，就不敢再造次亂說話了。從母親的角度來看，自己的小孩不管是考進哪所學校，都還是一樣。

在父親的葬禮中沒掉眼淚而被責罵

還有另一次家母對我生氣，是我在家父的葬禮時沒掉眼淚。雖然稱不上是「鱷魚的眼淚」，但當時家母對我抱怨地說道：「至少你哭一下，做個樣子也好」、「你表現得也太平靜了吧！」

我每天都能夠和靈界的人們說話，所以「死亡」對我而言，沒有像世人想得那麼悲傷。

一般人會在醫院哭得死去活來，在告別式時也是潸然淚下，但我的工作就是每天與靈對話，所以對我而言，人死了並沒有什麼特別的不同。

死人也會「說話」——
死後變得更為囉嗦的父親

實際上，家父過世之後，變得更為「囉嗦」。在他過世之前，因為生病的關係，有好幾個月都很安靜，但過世之後，靈魂離開了肉體就變得很囉嗦，從葬禮的作法到導師讀經的方式，都囉嗦碎念個不停。

當我把變成了靈的家父的說法，告訴週遭之人後，他們都以為我在對他們生氣，反應有點過度，但我跟他們說「不是我在生氣，而是死去之人所說的話」、「我只是代為轉達他的不滿，你們不要誤會」，但他們難以理解我所說的話。

當時家父囉嗦地說著，「那樣的作法，是難以將人送往天國的」、「那種經文的讀誦方式太不像話！導師只想要表現自己的法力！」、「正心法語的讀誦方式藏著自我顯示欲」、「導師沒導師的樣子」、「不再多用點心，怎麼會引來光明？」，對於葬禮的各種作法，非常地囉嗦。

所以說，死人並非不會說話，死人也是會很「囉嗦」

的。當時我完全沒有想哭的感覺，因此家母才會生氣地說：「葬禮時要表現出哀傷的樣子！」。

從世俗來看，家母所說的完全沒錯，但幸福科學所舉行的歸天儀式，也就是葬禮，有著太過於「光明」的一面，或許從外部的人們來看感覺到有點奇怪。

記憶當中，家母大概只有對我生氣這一兩次。

雙親不再吵架的理由

在我孩童時期，雙親時常在孩子面前吵架，家父年輕時期因為事業失敗，並且又因生病，做了攸關生死的大手術，所以背負了很多的債務；或許是這個原因，雙親常常吵架，我記得家母說了很多貶低家父的話語。

雖然世間認為夫妻吵架僅是彼此鬥嘴的程度，但我當時認為所謂的夫妻吵架，是指彼此說出惡毒的話語。

家父是很會忍耐的人，就算被家母一直碎唸著，他都可以冷靜地回話；或許雙親都是能忍受彼此講出狠毒話語的類型之人吧！

然而，從某時開始，如此狀況就改變了。當家父的工作變得穩定，薪水有所提升，走路變得「抬頭挺胸」之後，家母就變得不再講惡毒的話語了；或許那也是因為兩個孩子已長大的關係，我記得當我長大之後，家母就不再說家父的壞話。

或許家母對於孩子是抱持著期待吧！「為了讓孩子能夠成功，不可讓孩子聽到母親講出對父親不尊敬的話語。」我想家母是這麼想的吧！

母親曾說過：「女人的肚子僅是『代工廠』」

從客觀來看，個性上我比較像家母，家兄比較像家父，但長大成人知道我很會讀書之後，家母就常常對我說：「你真的是跟你爸很像。」我雖然覺得不怎麼像，但家母總是高興地說著「真是生了一個和父親一模一樣的孩子」，我真的覺得家母很會講話。

當時家母還說過，「自己沒讀什麼書，不知道什麼高深的學問，但你爸爸學了很多東西，你就是像他這一點」、「女人的肚子僅是『代工廠』，我只是借出肚子，實際上和我沒什麼關係」、「男生就是要像爸爸」諸如此類的話。

即便是過了七十歲也還能夠成長

家父過世之後，家母有稍微消沈一陣子，但家母變成了家中的「長老」之後，仍可以看到她有所成長。

家父是在八十多歲過世的，當時家母七十多歲，有一段時間的確是很消沉，但或許是因為有很多人去請教她的意見，所以漸漸地變得有「老師」的樣子。

七十歲之後還能看到有那般變化，真是讓我感覺到人生無論是到了幾歲都還是有可能改變。

或許家母是自覺到自己必須成為教團某種精神上的象徵，所以才立志有所改變。

因此，當女性感覺到「此時自己必須要有所改變」、

「此刻是轉戾點」，進而努力地改變自己的話，的確是有可能出現變化的。

「賢明的母親」須具備著判斷力、決斷力、不動心

母親對於家庭來說是非常重要的存在，家中發生事情的時候，母親會成為家人的依賴對象。

父親不會總是待在家裡，並且通常都在思索其他的事

情；若是孩子有些事情可以不用向父親詢問，母親即具備著足以給予建議、輔以判斷的能力的話，那或許會比較好。

在這層意義上，要成為「賢明的母親」必須要付出努力才行。

雖然面對的對象不一樣，但就跟男性的工作一樣，女性亦需要「判斷力」和「決斷力」。

此外，「女性的不動心」亦非常管用。女性若是經常哭泣、吼叫、心情動盪不安，家庭就不會處於安定的狀態，不管是孩子或者是先生也不會安定。然而，當女性穩住不動時，就會讓整個家庭穩定，所以，「妻子的不動心」是非常重要的。

日本戰前，似乎有很多如此類型的女性。我認為在這層意義上的「果決」非常重要。

即便是女性，抱持大局觀亦很重要

以前我曾寫過《母親的教誨》（宗教法人幸福科學發

行）這一本書，我從小受到母親的薰陶即是「男生不要因為小事就動搖」，過去家母常用德島方言對家父及我們兩兄弟說著，「那點小事死不了」、「那不是會死的問題」。

的確過去我們常為了沒什麼大不了的事情，躁動個不停，但是當家母說了那些話，大概就會止住。

所以我認為即便是女性，也要抱持著大局觀來判斷，有著不動搖的指針是很重要的。

若是因為一些小事而騷動，讓家庭出現紊亂的情形，就有可能引發更大的混亂，甚至影響到先生的工作，所以「剪掉不必要的枝葉，保住重要的樹幹」的訓練是很重要的。

不因小事而騷動的「女性帝王學」

女性有比較細心的一面，所以常會把焦點放在「枝葉」的部份，然而有時若能判斷「那點小事，不會影響性命」、「就算死了也還有命」的話，那就沒有什麼事會成為問題了。

所以，現在日本老是在擔心核電廠事故會不會怎麼樣，若是套用家母的邏輯來形容，或許她會說：「如果因核電廠事故就死掉的人，也會因為其他事故而死掉」。家母也可能會說：「因為不小心發生的核電廠事故而死掉的人，也有可能因為車禍、墜機、火山爆發、沈船而死，反正怎麼樣都會死」。她是一個會乾脆地敲醒一個老是拘泥於小事而碎念不停的男性的人。

我想這也是做為女性來說的一種「帝王學」。

關於女性能力的發展階段，如果無法理解「當先生的工作層級提升時，妻子的能力也須提升」的意思，那麼至少必須減少放在「枝葉」部分的注意力點，轉移焦點到「樹幹」上，並且好好地留意「樹幹是否出現了問題」，「就算今年無法結出蘋果，但明年是否能夠結出蘋果呢？」

「旺夫女的法則」

7

以判斷力、決斷力、不動心支撐著家庭

3

忙祿的上班女性，要思索如何才能得到「家人的協助」

Ｑ３（提問者：四十多歲的職業婦女，家庭成員有先生、三個小孩和婆婆）

我現在具備著「妻子」、「母親」、「設計師」的三種身份，每天非常忙碌，煩惱擠不出多餘的時間。每天早上六點起床，之後準備給先生、孩子的便當及當天晚餐的事前準備，假日時就得思索一整個禮拜的菜單。我本想好好地活用時間，但時間實在真的不夠；當我專心於工作，忽略了母親的職責時，就會和孩子出現衝突。我也是很想和孩子好好地聊天談心，但總是只有半夜才有時間，孩子那時都已經就寢睡覺了。我想請教，像我這樣的狀況，要怎麼樣才能把時間運用得當呢？

妳是一個人在唱「獨角戲」嗎？

聽到這樣的提問內容，我感覺到這真的是妳的煩惱嗎？妳應該是希望人們對妳有所褒獎吧？

其次，在妳的提問當中，我看不到妳的先生扮演著何種角色，妳的先生從事何種工作？有著多少程度的經濟力？對於妻子、小孩、母親，是以何種態度面對？關於這些部分，我看不到；因此，從文字敘述上，我只能感覺到妳家有點像單親家庭。

妳拼命地努力，自認為自己身處於「應該被褒獎的立場」，從旁人來看，也可以看得出來妳非常地努力，但就我來看，我認為妳是一個人在唱「獨角戲」。

換句話說，妳是不是太過於逞強了啊？「想成為一個不被誰批判、不被誰責備、不被誰抱怨的女性」，從提問當中可以明顯看出妳的如此心情。妳太過於逞強了，想必身心非常疲憊。

現在家人對妳感到不滿的可能性很高

妳雖然現在身兼「妻子」、「母親」、「工作」三職，並且非常地努力，然而應該是得不到週遭人們的褒獎吧！

我感覺到或許妳的先生應該沒有稱讚妳吧！此外，妳現在的狀態，也讓妳的婆婆負擔著照顧妳孩子的責任吧！所以，妳也應該不得婆婆的褒獎吧！

此外，妳的三個孩子也因為妳一直忙於工作，沒有時間陪他們而感到不滿吧！或許他們正嘀咕著「若是工作這麼忙，幹嘛要生三個小孩啊！」

妳雖然覺得自己非常地努力，獨自完成很多事情，但最終都是在唱獨角戲，妳的先生、三個孩子和婆婆，應該對妳現在的狀況都感到不滿。

之所以感到時間不夠用，其原因出於「工作」的方法

我從妳的提問當中，我感覺到妳想要說的是「我從早上

六點，就開始準備便當和晚餐的材料。世上有這樣的人嗎？我是如此努力地提高時間效率，就連假日去買東西的時候，腦中都還想著一週的菜單；我和一般的女性，應該是不一樣的。我可是拼命地在利用我的時間。」

從妳的立場來說，的確是有那麼一回事，但之所以妳感到時間仍舊不夠用，原因似乎是出自於妳從事的設計師的工作。

那份設計師的工作，對妳而言，以及對妳的先生、孩子們、婆婆而言，有多少重要的程度？

若是妳的先生是臥病在床，或者是處於失業狀態，收入非常地不穩定，那麼任誰來看，都會覺得妳是正當地在做那份工作。如果是那樣的話，就不得不說妳真的是非常努力。

然而，如果妳的先生工作穩定，經濟上也有餘裕，妳還在煩惱沒有時間工作的話，那麼應該就會有人認為妳太過於任性了。

孩子的教育是否出現了問題？

孩子還小的時候，的確還可以麻煩婆婆幫忙照顧一下，但一旦小孩上了國小中高年級之後，想必婆婆會感覺到「這樣年紀的孩子我已照顧不來，該是父母自己照顧的時候了」。此時，父母親就應該要負起應負的責任。

對於母親來說，應該有著許多和孩子學校有關的工作，按照妳現在目前的狀況，學校的家長會活動、教學參觀、與孩子同學的母親的往來，這些部分應該都出現了狀況。

並且，妳雖然感覺到自己已經很努力，但妳的孩子可能正說著「我的媽媽都不聽我說我的煩惱，和其他人的媽媽都不一樣」。

職業婦女的孩子容易有受害者意識

再進一步地說，應該沒有孩子會自傲於自己有一個忙於工作的媽媽。如果是女孩子，長大之後或許在找工作的時候，會以母親做為模仿的典範，然而對於孩子來說，「媽媽比較重視工作」這件事，會很容易感覺到自己是受害者。

當然，如果母親不工作，就無法讓孩子上學，或者是一家的生活就沒有著落的話，那麼孩子就得忍耐，並且得自己做好家事；但如果狀況不是這樣，孩子就會感覺到「媽媽比較愛工作」，進而有著受害者意識。

實際上，職業婦女的孩子，有著可憐的一面。他們會感覺到自己沒被充分關心，沒得到足夠的關愛。

應該試著想想能否借助他人的力量

我想妳的煩惱應該是「明明已經很努力，但就是得不到先生、婆婆、孩子們的感謝，也聽不到誇獎的話語」，但妳為此而興嘆也是於事無補。如果不得他人的誇獎，那就只能客觀地看待自己，自己誇獎自己，這一個比他人還要努力的自己。

我認為妳非常有能力也很努力，但不可否認，我感到妳有點在空轉，妳不應該自己唱獨角戲，應該思考要如何才能借助他人的力量。

或許妳的先生有著尚未被開發出來的隱藏才能，此外，或許還能夠讓孩子們於家事上、課業上多發揮能力；如果能夠妥善地引發出他們的能力，並且培養自立心，應該就能夠做各種各樣的事情。即便是妳的婆婆，或許她也能夠幫忙一些她能力範圍之內的事。

妳雖然說著「沒有時間，不知如何才能將時間運用得當」，但關於工作和生活的方法，妳必須要思考能否更加地運用智慧及借助他人的力量，創造出更好的結果。妳不應該認為「世界以妳為中心而轉」，而是必須要從綜合的見地來觀看整體。

不管如何，妳今後該如何調整，都會和妳先生的想法以及妳先生的工作有所關連，所以我建議妳好好地與先生進行商量。

如果如此狀態繼續下去的話，妳繼續從事設計師的工作，我總感覺妳和妳的孩子將變成「單親家庭」，所以我認為該是到了進行調整的時候。

「旺夫女的法則」

8

職業婦女應運用智慧，獲得家人的協助

4

在工作上成功的妻子，更是不可忘記「肯定、讚美先生」

Q4（提問者：四十多歲的職業婦女，和先生、兩個小孩組成四人家庭）

我從事典禮司儀的工作很成功，並且買了一戶工作用的電梯大廈，但我煩惱於先生對我的暴力舉動。為了逃離先生的暴力，我甚至曾經外遇過；我心中老是想著離婚的事，但當時是無視於父母親的強烈反對而結婚的，所以沒有辦法那麼容易就決定離婚。我在工作上雖然取得了成功，但是在婚姻上我想和先生重新來過。能否請您給予我建議？

妻子的成功，有時會成為先生的壓力

妳的煩惱，可以說是於職業中獲得成功的優秀女性之特有煩惱。

大部分的女性都是煩惱於「在工作中無法成功」、「經濟有點匱乏」，但是妳沒有那種煩惱，所以首先妳必須要認識到「妳在工作中成功是很幸福的一件事」。

然而，雖然妳在工作中成功，「為什麼先生會對我暴力相向呢？為什麼我得面對家庭暴力的煩惱呢？」這即是妳的疑問，但從男性的立場來看，答案是很明顯的。

妳的先生是非常有著大男人氣質之人。

像妳這樣有才能的女性於工作上取得成功，男性悶不吭聲，默默待在一旁，這種類型的男性在經濟上大概都是依靠女性而過。

如果妳的先生是這種男性的話，那麼就算妳獲得了成功，他也不會對妳暴力相向。

然而，如果是一個「想要透過自己的力量養妻育子」。充滿男性賀爾蒙的男性，太太在工作上過於成功的話，那就會成為這個男性的壓力，進而感到痛苦，並且每天都苦嚐著自卑感。

「先生能給予太太建言」這會讓先生提起幹勁

觀察這家庭暴力的狀況，我想妳的先生有著「做為先生，想要支配做為太太的妳」的心情。

夫妻之間也有所謂「相配」的問題，一般來說「先生為主、太太為從，太太跟隨著先生」的如此型態，社會的安定度會比較高，這也是事實。妳必須認識到，從經驗法則來看，那的確是如此。

此外，讓先生身處於能給予太太建言的立場上，這會刺激男性的本能，使其提起幹勁，這也是事實。

雖然男性在工作上沒有成功，或者是男性沒有收入，但夫妻在經濟上未顯困頓，這看起來雖然沒什麼問題，然而卻存在著妨礙男性自我實現的一面。

太太的身份屬於上位而變得容易離婚的四個類型

太太的學歷比先生還要高，也容易讓先生感到惱火，進而出現家庭暴力。

「雖然年輕的時候是因為彼此喜歡而結婚，但太太是高學歷，先生的學歷則是普通」，如此狀態下的先生會經常感到壓力，進而出現類似妳先生的暴力舉動。

或者是「太太的家世非常好，但先生則是庶民出身」，先生也會感到有壓力。

此外，被招贅的情形，也會容易出現相同的狀況。「公司老闆的女兒，為了要繼承公司進而和公司職員結婚，而先生被招贅」、「先生繼承太太的家業」，上述的情形，也很容易出現暴力舉動。

還有一種是像妳一樣，有著職業上的技能，並且有著經濟力的女性，當女性的經濟力比男性高的時候，常常會出現離婚的案例。

女性的收入比較多，夫妻關係常常會出現狀況。

妳最好要體認到現今社會的一般認知。

一邊持續工作，

又能繼續維持家庭的應注意事項

妳所說的狀況，如果持續下去的話，離婚的可能性是非常高的。

按照妳的提問內容，一般來說都是以離婚收場，然而妳之所以還想要和先生重新來過，我想或許是因為妳愛著孩子的原因吧！

我很能體會妳的那般心情。

若是說結論，如果妳不想要離婚，並且抑止先生的家庭暴力，進而養育兒女，妳就必須稍微減輕妳的工作量。

雖然沒有必要完全把工作給辭了，但減少到最小的必要程度，並且不要追求太大的成功；至少，直到養育孩子的責任結束之前，減低工作量是在所必要的。

並且，對於先生必須要抱持著尊敬的態度，經常地肯定、讚美先生。此外，不要在先生面前自傲於自己在工作上、經濟上有多麼成功，這點非常重要。

也就是說，妳必須要有所取捨，若是妳執意要取得工作上的成功，幾乎可以斷言最後的結局一定是離婚。

妳煩惱於家庭暴力的理由，或許是因為妳先生是一位優秀的男性。如果妳先生是一個柔弱的男性，就不會是今天這種情形，想必妳先生有著「想要立足於比太太更高的地位」的心情。

如果妳能夠認同妳先生那般的男性氣概，或許就可考慮減低自己的工作量。

然而，如果妳實在是想要一輩子從事司儀的工作，並且想要有大成就的話，那麼離婚只是時間早晚的問題。對此妳必須好好思索。

「旺夫女的法則」

9

尊敬、肯定、讚美先生

5

平凡的主婦，亦能成為「繁榮女神」

Q5（提問者：家庭婦女，和先生、四個孩子組成六人家庭）

我是有著四個孩子的家庭主婦，能否賜教，像我這樣的平凡主婦，是否有身為讓家庭成功、經濟豐足的

「繁榮女神」的方法？

「話語」、「態度」是會感染人們的

人的「話語」、「態度」是會一一感染人們的，換言之，妳所施予的愛、妳所散發出的繁榮心念，不會只停留在接收到如此心念的那一人身上。

因此，若是妳肯定繁榮，抱持著「我要靠近繁榮之神」的心境的話，妳就必須要留意自己的言行是否足以成為「繁榮之神的代理人」。如此一來，受到妳的話語及行動影響之人，就會變得採取相同的行動。

思索事物的「正面之處」，正面的心念即會廣擴

譬如，若是妳聽到有人說著「負面的話語」、「灰暗的話語」，或者是怪罪著「都是環境、過去歷史所造成」，那麼就請告訴此人；「請等一下！就算你這麼抱怨，你也不會

變幸福啊！改變一下想法吧！若是浮現了負面的想法，想講出負面的話語，那就請想想正面的事物吧！」

對方或許會說「自己有著如此罪惡」、「有著如此『負債』」、「有著如此『失敗』」，那也請妳試著和對方說「你現今應該還被賦予了許多吧！一起想想自己還有什麼優點吧！」這是身為一個主婦能辦到的事情。

若是對方為了先生或孩子而煩惱，妳可和對方說「我們一起來想想妳先生有什麼優點吧！」、「妳認為妳的孩子有什麼優點呢？」，若是能夠引導對方能往那個方向思索的話，正面的想法就會開始擴展。

就像這樣，當某個人開始散發出「強大的磁力」，週遭就會開始出現眾多「磁鐵」，並且那「磁鐵」的數量是不會減少的。

譬如，將一塊鐵片變為磁鐵後，那塊磁鐵就會開始把週遭的鐵變為磁鐵，並且，這些磁鐵又會讓週遭的鐵出現磁力；就像這樣，磁鐵的數量絕對不會減少，我認為那真是不可思議的力量。

將吸引正面事物的「磁力」賦予孩子的方法

妳提到妳有四個孩子，我想這本身已經算很「繁榮」了。

此時說是繁榮，或者應該說是「繁殖」，似乎有點微妙，但或許這種說法會讓人感到失禮。我自己有五個孩子，若加上養的兔子，家中成員更多。

總之，首先妳必須要讓妳的四個孩子改變成為帶有「正面磁力」之人，請賦予孩子們吸引正面事物的力量。並且，在晚上就寢之前，請抱持著肯定「財富」、「成功」、「繁榮」的想法入眠。

此外，若是妳很常說出負面的話語，那麼請試著加入正面的想法。譬如，孩子回家之後說著「今天讓老師生氣了」，那麼就請對孩子說「那是因為老師對你有所期待才會如此」。

或者若是孩子說著「某某某很聰明，常常拿到一百分，但我總是拿不到好成績，感覺真是不好」的話，就請教導孩子「請試著想想『某某某是個優秀之人』，如此一來，你的成績就會漸漸地和他越來越近喔！」

若是妳能這麼做，孩子們就會變為一塊磁鐵，而孩子們的週遭也會跟著改變。

將肯定「財富」、「繁榮」、「成功」的思想，輸入至潛在意識中

特別是輸入到潛在意識當中的內容，會發揮很大的影響力，因此在就寢之前，請養成將肯定「財富」、「繁榮」、「成功」的思想輸入至己心內的習慣，這是每一個人都能做到的。

若是妳的「磁鐵」能產生巨大影響力的話，那麼「平凡」一詞就不適用在妳身上，妳就會變成有著強大影響力量

的「魅力主婦」，妳必定能夠辦到。

「想法」有著如「磁鐵」般的力量

其實是很單純的道理，「想法」其實有著如「磁鐵」般的力量。並且，如同磁鐵有著正負兩極，大致上想法也區分為正面和負面。

總之，思考負面的事物，負面的事物就會靠近而來；反之，思索正面的事物，那正面的能量，將會移轉到其他人身上，讓這世間變得光明。

就像這樣，能夠感化週遭之人，並將其改變朝向光明方向的心之力量，稱為「正面因子」；增加抱持「正面因子」的人是很重要的，特別是在這不景氣的時代。

此篇所講述的內容，誰都可以辦得到，所以我想妳也可以更為靠近「繁榮之神」。

「旺夫女的法則」

10

變成散發
「正面心念」的磁鐵

「旺夫女」的十個法則

1 讓先生專心於本業，將家事全都承攬下來

2 成為先生的「良好商量對象」

3 抱持正確的經濟觀念

4 培養孩子能夠盡早自立

5 認識到旺夫女是「無名英雌」

6 隨著先生工作的發展，自己也須成長

7 以判斷力、決斷力、不動心支撐著家庭

8 職業婦女應運用智慧，獲得家人的協助

9 尊敬、肯定、讚美先生

10 變成散發「正面心念」的磁鐵

後語

我不懂裝懂地講述了「旺夫女之法」，若是有些女性認為自己沒符合那些法則而對我感到生氣，我也只能默默承受。

今天早上的報紙報導了日本最高法院對於「職場歧視孕婦」做出違法判決的新聞，我想這呼應了政府「想創造一個女性亦能活躍的社會」的構想。

創造一個讓女性能安心平等生活的社會，亦是一個文明國家的象徵。

然而另一方面，不可用外在環境來決定人的幸或不幸；不可忘記亦有著「讓先生出人頭地的女性幸福」。而「草食性男子」，亦不可忘記磨鍊自身的刀具。

我一方面同意榮獲諾貝爾和平獎的伊斯蘭少女馬拉拉的言論，但另一方面也希望人們知道文明國家現正走向崩壞的事實。

幸福科學集團創始者兼總裁　大川隆法

國家圖書館出版品預行編目（CIP）資料

我要當個旺夫女 / 大川隆法作 ; 幸福科學經典翻譯小組譯. -- 初版. -- 臺北市 : 九韵文化 ; 信實文化行銷, 2017.00

面 ;　公分. -- (What's Being)

ISBN 978-986-94750-3-7(平裝)

1.自我實現 2.成功法 3.女性

177.2　　　106008171

What' s Being
我要當個旺夫女

作　　者：大川隆法
譯　　者：幸福科學經典翻譯小組
總 編 輯：許汝紘
美術編輯：陳芷柔
編　　輯：孫中文
行　　銷：郭廷溢
發　　行：許麗雪
總　　監：黃可家
出　　版：信實文化行銷有限公司
地　　址：台北市松山區南京東路5段64號8樓之1
電　　話：（02）2749-1282
傳　　真：（02）3393-0564
網　　站：www.cultuspeak.com
讀者信箱：service@cultuspeak.com
劃撥帳號：50040687 信實文化行銷有限公司

印　　刷：上海印刷廠股份有限公司

總 經 銷：聯合發行股份有限公司
地　　址：新北市新店區寶橋路235巷6弄6號2樓
電　　話：（02）2917-8022

香港總經銷：聯合出版有限公司
地　　址：香港北角英皇道75-83號聯合出版大廈26樓
電　　話：（852）2503-2111

若想進一步了解本書作者大川隆法其他著作、法話等，請與「幸福科學」聯絡。
地址：台北市松山區敦化北路155巷89號
電話：02-2719-9377　電郵：taiwan@happy-science.org
FB：https://www.facebook.com/happysciencetaipei/

2017年7月　初版
定價：新台幣 320 元